Ne sachant pas d'autre moyen de remercier ceux de mes concitoyens qui, au nombre de 1585, ont souscrit pour me faire présent d'une Croix d'Honneur, j'ai fait recueillir les documents suivants relatifs à ma nomination comme Chevalier de la Légion d'Honneur pour les offrir à chacun d'eux à titre de Souvenir.

Extrait du *Journal Officiel* du 30 Décembre 1882 :

Par décret du Président de la République, en date du 29 décembre, est nommé chevalier de la Légion d'honneur :

M. Toulet, Albert, Ingénieur, Fabricant de Machines, à Albert (Somme), Membre de la Chambre de Commerce d'Amiens ; courageuse conduite pendant la guerre de 1870-71. Plus de 20 ans de services publics et gratuits.

EXTRAIT DU *JOURNAL D'AMIENS*

du 3 Janvier 1883.

La décoration de M. Toulet, constructeur-mécanicien, a été accueillie comme nous le prévoyions, c'est-à-dire avec joie et reconnaissance, ainsi que l'attestent les discours qu'on va lire.

Voici d'abord celui qui a été adressé à M. Toulet, au nom des pompiers dont il est le capitaine dévoué :

MONSIEUR ET CHER CAPITAINE,

« La Compagnie des sapeurs-pompiers a éprouvé la joie la plus vive en apprenant la distinction si méritée dont vous venez d'être l'objet. Elle s'empresse de vous témoigner sa profonde satisfaction. Nul, mieux que nous, ne peut apprécier votre brave cœur ; nous vous avons vu à l'œuvre, et sommes fiers d'être commandés par un homme tel que vous, qui joint aux qualités d'un cœur généreux, pour lequel le dévouement est un besoin, celle d'une promptitude d'esprit et d'une décision si remarquable dans les moments difficiles.

Vous porterez dignement la croix que vous avez dignement gagnée ; elle brillera sur votre poitrine quand nous marcherons avec vous, et nous serons heureux de lui rendre les honneurs militaires.

Recevez, Monsieur et cher capitaine, l'assurance de nos sentiments les plus affectueux et les plus dévoués. »

Voici maintenant le discours qui a été lu à M. Toulet, au nom de tous ses confrères, constructeurs-mécaniciens et fondeurs. Pas un ne manquait à cette fête de famille. Voici leurs noms :

MM. E. Arrachart, Arthuis, directeur de la fonderie de Sainte-Agnès, Clément, Cuvillier, Derly, Goizet, Lebrun, Liné, Lomont, Menez, Monneret, Traill.

Monsieur et cher Collègue,

« C'est avec la plus grande joie que vos confrères ont appris la juste distinction qui vient de vous être accordée.

La plupart d'entre nous ont trouvé chez vous un début instructif dans leur carrière ; tous nous y avons rencontré un collègue, un ami, toujours prêt à nous aider de ses bons conseils et de ses sages avis.

Vous nous avez montré le chemin droit de l'honneur que vous avez toujours suivi et dont la juste récompense vient de vous être accordée.

La croix de la Légion d'honneur, qui vient de vous être décernée, prouve à tous que l'on a su reconnaître les services que vous avez rendus au pays, en en faisant un centre industriel.

Recevez, cher collègue, nos félicitations les plus sincères et les plus reconnaissantes. »

Ce discours qui, nous le répétons, est l'expression des sentiments de *tous* les confrères de

M. Toulet, leur fait le plus grand honneur en même temps qu'il atteste suffisamment combien est justifiée la haute récompense qui vient d'être décernée à cet éminent industriel. Leur manifestation unanime restera comme son plus beau titre d'éloge; et nous ne pouvons mieux prouver jusqu'à quel point les pairs de M. Toulet se sont fait l'écho de l'opinion publique, qu'en retraçant à grands traits la biographie du nouveau chevalier de la Légion d'honneur.

Son père était un simple charpentier de moulin; il ne pouvait donner à son fils d'autre instruction que celle qu'on reçoit à l'école communale d'Albert. A quinze ans, M. Toulet travaillait avec son père, et n'était qu'un artisan. Mais le jeune homme était admirablement bien doué. Il avait une intelligence supérieure, une activité prodigieuse, et un ardent désir de bien faire.

En peu de temps, ce fut lui qui prit la direction de l'atelier paternel. Le père se retira et le petit établissement qu'il possédait fut laissé à deux de ses fils, Albert Toulet l'aîné, et son frère Alphonse.

L'association ne dura que trois ans, de 1857 à 1860 ; depuis cette dernière date, M. Albert Toulet, demeuré seul propriétaire de la maison de commerce, lui a donné par des transformations et des agrandissements successifs l'importance que l'on sait et qui en fait un des établissements les plus renommés de notre région.

Au lieu de travailler seulement le bois, de se borner à peu près exclusivement à ce qui concerne les moulins, M. Toulet se mit à travailler le fer ; il devint un mécanicien et bientôt après un ingénieur, en mesure d'entreprendre des travaux de toute nature. Aidé par les conseils de quelques personnes éclairées, qui avaient su reconnaître et apprécier les facultés exceptionnelles dont il était doué, aidé surtout par une force de volonté extraordinaire, il se mit à apprendre, au milieu des travaux absorbants de sa profession, les sciences mathématiques dont il avait reçu à peine les premiers rudiments à l'école communale. C'est aujourd'hui un homme des plus compétents en mécanique, et les tribunaux ont constamment recours à ses lumières pour la solution des procès qui exigent des connaissances techniques.

Il fut obligé de créer lui-même, et on peut le dire de toutes pièces, son atelier, de faire ses dessins, ses modèles, de fabriquer ses outils, de former ses ouvriers ; et il réussit en quelques années à installer un atelier considérable de mécanique. En 1864, il y adjoignit une fonderie, l'année suivante une chaudronnerie. Aujourd'hui son industrie est en pleine prospérité et assise sur les bases les plus solides ; il travaille avec son propre capital et jouit de la confiance d'une clientèle qui sait apprécier son mérite. Presque toutes les usines importantes de la région du Nord ont été transformées par lui.

En 1878, l'administration des ponts et chaussées lui confia la confection de ponts tournants, de portes d'écluses ; le gouvernement l'a chargé de la reconstruction des moteurs, barrage et ateliers de l'arsenal de La Fère. C'est à lui et à l'ingénieur Sagebien que la ville de Paris s'est adressée pour la construction des usines de Malay et de Chigy qui élèvent les eaux de la Vanne.

Il a envoyé à l'Exposition de 1878 un système de huilerie qui, depuis plusieurs années déjà, obtient un éclatant succès aussi bien en France qu'en Belgique et en Prusse. Quatre-vingt-huit usines ont été montées par M. Albert Toulet, d'après ce système et donnent les meilleurs résultats.

Cette prospérité de l'usine créée par M. Toulet rejaillit sur son pays ; c'est grâce à lui que l'industrie du fer, qui était pour ainsi dire inconnue à Albert il y a vingt ans, y est devenue le principal élément d'activité. Il n'y avait autrefois qu'un petit atelier de serrurerie et de mécanique fondé en 1836 par M. Baroux, occupant une dizaine d'ouvriers, et un autre appartenant aux frères Lefebvre, qui travaillaient pour la carrosserie et l'outillage, ayant à peu près le même nombre d'ouvriers. Albert possède aujourd'hui douze ateliers où se travaille le fer, principalement pour la confection de machines-outils. En voici les noms avec le nombre d'ouvriers en regard.

Toulet	300
Clément	65
Liné	80
Lebrun	50
Derly	40
Louis Cuvillier	70
Traill	50
Lomont	70
Monneret et Lucas	70
Menez	50
Goizet	15
Fonderies de Ste-Agnès	80

C'est un total d'environ 1,000 ouvriers au lieu de 40 ou 50 comme autrefois.

C'est à l'exemple, à l'influence, aux conseils et parfois même au concours financier de M. Albert Toulet, que sont dus l'établissement et la prospérité des autres ateliers ci-dessus nommés. Un fait suffirait à caractériser cette situation : sur 11 ateliers de mécanique en dehors du sien, il y en a 6 dirigés par ses anciens collaborateurs.

Le développement de l'industrie du fer à Albert

a eu des conséquences de toute nature; accroissement de la population, agrandissement de la ville, par suite de la construction de quartiers nouveaux, élévation des salaires, amélioration du bien-être général.

M. Albert Toulet sait se souvenir que s'il est aujourd'hui un industriel, il a commencé par être un artisan. L'heureuse influence de son exemple, de ses conseils, de son bon cœur, porte ses fruits. L'esprit qui règne parmi ses ouvriers est excellent. Ils sont unis par une véritable confraternité et savent venir, au moyen d'une caisse de secours mutuels, et au besoin par des cotisations spontanées, en aide à un camarade malade ou blessé.

Ils connaissent l'épargne : chez lui on ne fait pas le lundi. Il a su également supprimer l'apprentissage et trouver le moyen de rémunérer, dès leur arrivée, ceux qui entrent dans ses ateliers; aussi les exemples sont nombreux de ceux qui sont parvenus à se rendre propriétaires de la maison qu'ils habitent.

De tels faits sont à l'éloge non seulement de l'ouvrier, mais du patron, et attestent l'heureux effet de l'influence moralisatrice qu'il exerce autour de lui. Il est respecté et aimé de tous ses ouvriers, qui savent pouvoir compter sur lui en toutes circonstances.

Sa conduite pendant la guerre a été de tout point digne d'éloges. Malgré les difficultés de ce moment, l'atelier a constamment fonctionné, sauf du 26 décembre au 7 janvier, c'est-à-dire au moment des batailles de Pont-Noyelles et de Bapaume, alors qu'Albert était occupé par 15 ou 20,000 hommes de troupes prussiennes et que tout travail était forcément suspendu. M. Toulet a donc, au prix de sacrifices considérables, assuré le pain de ses ouvriers, à une époque où ils auraient pu être une charge pour la ville. Il a d'ailleurs largement payé de sa personne et de sa bourse, toutes les fois qu'il s'est agi de concourir à la défense du pays.

C'est à lui que l'Administration s'est adressée lors de l'invasion prussienne pour faire couper les ponts de la Somme entre Péronne et Amiens. A la veille de la bataille du 27 novembre et comme les uhlans avaient, le 25, franchi la Somme par les ponts de Sailly-Lorette pour venir couper le chemin de fer du Nord, qui reliait notre armée à sa base d'opération, il fut chargé de détruire, le 26 au matin, ces ponts de Sailly-Lorette qui avaient servi de passage à l'ennemi, et exécuta cette opération sans l'appui d'aucune force armée, sous le nez des uhlans. Ses ouvriers tenaint l'outil d'une main et de l'autre étaient prêts à saisir leur fusil.

L'ardent patriotisme dont il avait fait preuve l'ayant signalé d'une façon toute particulière à l'attention des Prussiens, ceux-ci cherchèrent, lors de leur arrivée à Albert après la bataille de Pont-Noyelles, à s'emparer de sa personne.

M. Toulet, cédant aux sages conseils de M. Lenglet, préfet du Pas-de-Calais, avait quitté son domicile. Les Prussiens envahirent sa maison, menacèrent sa femme qui dut s'enfuir par les jardins, et parlèrent de mettre le feu à l'usine. L'intervention des autorités et celle de M. Daussy qui arrivait en ce moment à Albert avec des officiers Prussiens, que l'interprète dévoué de la ville d'Amiens connaissait très bien... puisqu'il n'avait eu que trop de rapports avec eux, empêchèrent l'exécution de cette menace.

M. Toulet avait rejoint le quartier général français, et plus d'un officier de l'armée du Nord peut témoigner des services par lui rendus, grâce à sa parfaite connaissance de la topographie de notre région. On doit d'ailleurs à sa générosité et à son activité le rapatriement de bon nombre de prisonniers français qu'il fit évader de Belgique, au risque même de sa liberté, car il faillit être arrêté à Liège.

Depuis 25 ans M. Toulet est conseiller municipal. Il est administrateur de l'hospice. Il a été adjoint, la mairie lui a été offerte. Il se contente d'être capitaine des pompiers, et depuis 1871 qu'il est à la tête de la Compagnie, il l'a mise sur le meilleur pied, tant au point de vue du service des incendies, que de l'esprit qui y règne. On en a eu la preuve dans 14 incendies qui ont éclaté à Albert depuis 10 ans.

Depuis 1874, M. Toulet est membre de la Chambre de commerce d'Amiens, où l'arrondissement de Péronne n'avait plus de représentant depuis 1870.

L'opinion publique applaudit à une distinction qui, justifiée par le rare mérite de l'homme, couronne sa carrière de labeur continuel, d'indomptable énergie, de prodigieuse activité et d'honneur sans tâche, dont les effets et l'exemple sont, matériellement et moralement, un bienfait pour son pays.

EXTRAIT DU *JOURNAL D'AMIENS*

des 22 et 23 Janvier 1883.

Dimanche, la ville d'Albert toute pavoisée présentait une animation exceptionnelle. C'était en effet le jour choisi pour la remise officielle, à M. Albert Toulet, des insignes de la Légion d'honneur dont il vient d'être décoré Nous avions fait pressentir que cette cérémonie serait une véritable fête de famille pour la ville d'Albert; l'événement n'a pas trompé nos prévisions.

A une heure, une nombreuse assistance se pressait dans les vastes ateliers de M. Toulet, balayés et pavoisés pour la circonstance. Après avoir traversé plusieurs galeries garnies de machines de toute sorte, et qui attestent bien la puissance de l'œuvre créée par l'enfant d'Albert, les invités arrivent dans l'atelier disposé en salle de réception qui, après avoir été son champ de bataille, sera aussi son champ de triomphe.

Sur une grande toile pendue à l'un des murs,

derrière l'estrade d'honneur improvisée, est figurée une croix d'honneur avec sa devise; au-dessus de celle-ci, se détache en grosses lettres la moralité de la cérémonie qui va s'accomplir : *Honneur aux Travailleurs.*

Sur l'estrade prennent place : M. le Préfet de la Somme, ayant à sa droite M. Magniez, sénateur, et à sa gauche M. Daussy, président de Chambre à la Cour d'Amiens, le parrain du nouveau légionnaire, et enfin ce dernier. Puis viennent : MM. Alfred Toulet, député; Laurent, secrétaire général; Fournier, conseiller général, conseiller à la Cour; Labbé, vice-président de la Chambre de Commerce; Louis Dewailly, ancien maire d'Amiens, membre de la Chambre de Commerce; Eugène Gallet, membre de la Chambre de Commerce, président de la Société industrielle; Ponche, membre de la Chambre de Commerce; le Sous-Préfet de Péronne; Morvillez, capitaine des sapeurs-pompiers d'Amiens; le capitaine Warin, officier d'ordonnance du général Faidherbe; M. Armand Dumarescq, artiste peintre, grand'croix de la Légion d'honneur;

Drouard, vice-président de la Société d'horticulture de France; Duplan, adjoint au maire; M. l'abbé Godin, curé-doyen; Darcourt, entrepreneur à Albert, etc., etc.

Autour de l'estrade, sur des bancs disposés à cet effet, se placent la famille et les nombreux amis de M. Toulet. Le reste de l'atelier est rempli par les ouvriers de M. Toulet et de ses confrères d'Albert.

A une heure et demie, M. le Préfet déclare la séance ouverte et prononce une allocution qui marque avec beaucoup de tact le caractère de la cérémonie qu'il préside. M. Léon Cohn s'est exprimé à peu près dans les termes qui suivent :

DISCOURS DE M. LÉON COHN,

Préfet de la Somme.

Mesdames et Messieurs,

« Ma première parole doit être une parole de remerciement pour ceux qui ont bien voulu m'inviter à assister à cette fête intime. Comme représentant du gouvernement de la République, j'ai été heureux de venir m'associer à votre joie, car je savais que nous devions honorer aujourd'hui le travail en honorant un travailleur.

« Je ne vous parlerai pas de M. Toulet. Une voix très autorisée vous dira tout à l'heure ce qu'il a été et ce qu'il est. Qui d'ailleurs pouvait mieux le connaître que vous, qui avez été les témoins de son existence, qui avez été associés à ses efforts, comme vous êtes aujourd'hui associés à ses succès ?

« En voyant cette affluence qui m'entoure, en contemplant ces visages où respire une profonde satisfaction, je sens que vous approuvez tous la décision prise par le Président de la République, et qu'il y a dans cette cérémonie comme une ratification populaire de cette décision.

« Quant à vous, Monsieur, qui êtes le héros de cette fête, vous allez dans un moment devenir définitivement membre de la Légion d'honneur. Vous n'ignorez pas les deux mots qui sont inscrits sur l'insigne de cet ordre : « Honneur et Patrie. » Ces deux mots me paraissent résumer admirablement votre existence. Comment de simple ouvrier êtes-vous devenu patron ? Comment vous êtes-vous successivement élevé ? Comment avez-vous acquis la haute situation que vous occupez aujourd'hui ? Comment avez-vous gagné les suffrages de vos collègues, qui vous ont envoyé siéger à la Chambre de Commerce ? Comment enfin avez-vous conquis la considération générale et l'estime publique, si ce n'est en observant strictement les règles de l'honneur ?

« Pour ce qui est de la Patrie, en vous conférant la croix de la Légion d'honneur, le gouvernement s'est souvenu de votre conduite dans ces jours néfastes où le pays était en danger et où, chez vous, le citoyen a été à la hauteur de l'homme.

« Vous vous souviendrez également que c'est à la République, que vous devez cette distinction, et vous saurez remplir les devoirs que ce choix vous impose, comme vous avez toujours su faire votre devoir.

« Vous prouverez ainsi que nul n'est plus digne que vous de porter à la boutonnière ce signe d'honneur et de mérite. »

De chaleureuses acclamations ont accueilli ces paroles ; puis M. le Préfet a donné la parole à M. Daussy, qui a prononcé le discours qui suit :

DISCOURS DE M. H. DAUSSY,

Président de Chambre à la Cour d'Amiens.

« Messieurs,

« Par décret du Président de la République, en date du 29 décembre dernier, M. Toulet a été nommé chevalier de la Légion d'honneur.

« Suivant une tradition empruntée aux anciens ordres de chevalerie, les règlements veulent que le nouveau légionnaire soit reçu membre de l'ordre par un de ses confrères, qui est chargé de le faire chevalier en lui donnant l'accolade, et qu'on appelle son parrain. Le récipiendaire choisit lui-même ce parrain, et M. Toulet m'ayant désigné, le Grand Chancelier m'a expédié les pouvoirs nécessaires.

« On décore le soldat devant la troupe assemblée sous les armes, le marin à bord de son navire paré du pavillon tricolore. J'ai pensé qu'il convenait de décorer M. Toulet ici, dans cet atelier, qui est son œuvre, devant ses ouvriers, témoins et compagnons de ses travaux.

« Cette solennité, qui est une glorification du travail, est présidée par M. le Préfet, représentant du gouvernement, assisté de M. le Secrétaire général de la Préfecture et de M. le Sous-Préfet de l'arrondissement.

« Auprès d'eux, des représentants élus de la nation, membres du Sénat, du Corps législatif, du Conseil général, des membres de la Chambre de commerce d'Amiens viennent applaudir à la distinction nationale conférée à l'un des industriels les plus méritants de notre région.

« Les nombreux amis que M. Toulet a su se créer dans le cours de sa carrière, par la loyauté de son caractère sympathique, augmentent le cortège de sa famille, heureux comme elle de partager la joie légitime de l'honneur qui lui est décerné.

« Parmi eux, je distingue ses émules dans l'industrie locale. Ils y sont tous ; et je suis fier, pour eux comme pour lui, des sentiments d'excellente confraternité dont ils renouvellent ainsi la manifestation touchante.

« L'admirable union des patrons dans ce généreux hommage s'est reproduite, plus touchante encore peut-être, parmi les ouvriers. Ils ont ouvert une souscription pour offrir une croix au nouveau chevalier. Chacun a voulu, par sa modeste mais précieuse offrande, s'associer à ce que M. le Préfet vient d'appeler si justement la confirmation populaire de la décision du gouvernement. Cette croix, gage de la meilleure et de la plus honorable popularité, M. Toulet ne pourra l'attacher à sa boutonnière sans une profonde émotion.

« Avec leur sens juste et leur cœur droit, les

patrons et les ouvriers d'Albert ont bien compris toute la portée de l'honneur fait à l'un d'eux. Patron il est aujourd'hui; ouvrier il l'a été. Comme vous, mes amis, il a manié l'outil. S'il est maintenant le chef d'une usine importante et prospère, si l'estime et la considération publique, qu'il a conquises, trouvent une éclatante consécration dans les insignes dont je vais le décorer, à qui le doit-il? à ses œuvres n'est-ce pas? à ce travail infatigable, à cette prodigieuse activité d'esprit et de corps, à cette énergie indomptable, à cette persistance de volonté, à ce labeur incessant dont vous avez été, dont vous êtes tous les jours les témoins. Si quelqu'un ici croit avoir travaillé plus que lui, qu'il s'avance et qu'il le dise!

« Son exemple est un grand et salutaire exemple; sa décoration un utile et démocratique enseignement. Elle montre que, dans notre société on peut, parti du dernier rang, s'élever au premier. Chaque soldat, à la pointe de sa baïonnette, peut conquérir jusqu'au plus haut grade; chaque ouvrier, avec le marteau qu'il tient à la main, peut se forger une croix d'honneur.

« Que lui faut-il pour cela ? Deux choses : de la tête et du cœur.

« Les dons de l'intelligence sont dans la main de Dieu. Elle les sème où il lui plaît ; et c'est pour cela qu'il est insensé de rêver une égalité absolue entre les hommes. Mais ce que peut faire la société et ce qu'elle fait, c'est de fournir à tous ceux qui ont reçu les dons d'en haut, quelle que soit leur condition, le moyen de les développer, afin qu'ils puissent tourner à leur profit et aussi à l'avantage de la Patrie, car plus une nation compte d'hommes puissants par l'intelligence, plus elle est puissante et respectée. Voilà pourquoi les lois de la République exigent que l'instruction soit répandue partout, afin que pas un des germes tombés de la main de Dieu ne périsse faute de culture.

« Mais, il ne faut pas s'y tromper, l'instruction n'est qu'un moyen : elle développe une force. Diriger cette force vers le bien, qui est le but, c'est l'œuvre de l'éducation. L'éducation, pour déterminer la volonté et la tourner résolument vers ce qui est beau, s'adresse au cœur, l'épure, l'agrandit, l'ennoblit. Par elle les aspirations généreuses étouffent les mauvais penchants, comme le bon grain étouffe la mauvaise herbe ; par elle les âmes s'élèvent, les hommes et les nations grandissent. En fait d'éducation il y a de bons livres, mais je ne sais rien de plus persuasif, de plus convaincant, de plus entraînant que l'exemple. Le spectacle d'une vie consacrée au travail, qui se déroule par un effort continu dans le droit chemin de la probité, du devoir, de l'honneur, du dévouement, et qui, sur cette route, ouverte à tous, trouve de légitimes récompenses, agit plus efficacement sur les âmes que les plus beaux préceptes. Ce spectacle vous l'avez sous les yeux ; l'exemple, il est là, vivant.

« C'est par là que M. Toulet a bien mérité, autant et plus, selon moi, que par la prospérité matérielle qu'il a créée autour de lui. Oui, il a amélioré le sort de l'ouvrier, il a fait augmenter son salaire ; oui, il a transformé ce pays que j'ai connu, il y a cinquante ans, presque exclusivement agricole, en un centre industriel qui laisse déborder de toutes parts l'exubérance de son activité. Mais, ce qui est mieux, il a fait rayonner autour de lui la chaleur de son âme ardente, il a suscité les énergies, enflammé les courages, parce qu'il a montré à tous, aux patrons et aux ouvriers, ce que peut faire une vive intelligence au service d'un cœur vaillant et d'une énergique volonté.

« Ce que vous êtes devenu, Toulet, vous le devez à vous-même, mais pas à vous seul. Je n'hésite pas à vous rappeler quelques-unes de vos dettes, sachant que vous n'êtes pas homme à les renier.

« Je vous ai souvent entendu raconter que, dans ce temps où vous dérobiez au travail manuel des heures furtives pour les consacrer à l'étude, vous avez appris les mathématiques, grâce à l'obligeance de deux honorables industriels de cette ville qui, pour vous, se sont faits professeurs ; de M. Munier, qui n'est plus, de M. Comte, qui applaudit aujourd'hui son élève d'autrefois. Il y a ainsi, à l'honneur de l'humanité, des âmes généreuses qui s'éprennent de sympathie pour un jeune homme dans lequel se révèlent de remarquables aptitudes et qui se font un bonheur de l'aider de leurs conseils, de leurs leçons, de leurs encouragements. De ces âmes, vous avez eu la bonne fortune d'en rencontrer plusieurs à vos débuts dans la vie. Il est un nom que je veux citer, et je suis certain d'être l'écho fidèle de vos sentiments en disant que ce nom de votre maître vénéré devrait, depuis longtemps, être inscrit sur la liste de l'honneur : celui de M. Sagebien.

« Il y avait à Albert une population de manouvriers, robustes de corps et d'esprit. Ils travaillaient la terre, vous leur avez demandé de quitter la bêche pour prendre le marteau. Avec vous ils se sont mis à l'œuvre, et en peu de temps il s'est formé un peuple d'ouvriers, de *noirs* comme on les appelle, adroits, alertes, ingénieux, et aussi ardents à manier leurs instruments d'aujourd'hui que leur bêche d'autrefois. Ils ne l'ont pourtant pas tout à fait abandonnée. Combien j'en vois, avant que la cloche n'appelle à l'atelier, avant l'aube, remuer la terre qui doit donner la nourriture de leur famille. Ces rudes piocheurs, les auriez-vous trouvés ailleurs ? Vous les aimez, vos ouvriers, et c'est justice. Ils vous aiment aussi ; ils vous sont dévoués. Vous les avez vus à l'heure du péril. Il s'agissait d'aller couper les ponts de la Somme. Le Préfet, qui vous en expédia l'ordre, n'avait pas de troupe à vous donner pour protéger l'opération. Mais vous aviez vos ouvriers. Le chariot qui porta leurs outils porta aussi leurs fusils. S'il est bien d'honorer le chef courageux de cette entreprise hardie, il est juste aussi de rappeler que c'est Devillers, votre contremaître, qui, sur le pont de Sailly-Lorette, quand on vint annoncer que les Prussiens arrivaient, refusa de quitter la besogne avant qu'elle ne fût achevée, et, saisissant un fusil, dit à ses camarades : « s'ils viennent, nous les recevrons. » On lui a donné la médaille, il l'avait bien méritée. Pour moi, quand je rencontre Devillers, c'est avec respect que je le salue.

« Ah ! il y a quelqu'un ici à qui vous devez beaucoup. C'est votre femme, c'est la mère de cette famille dont vous faites le bonheur, dont vous êtes l'amour et la gloire et qui, dans ces dernières années, a élargi par d'heureux mariages le cercle des tendres affections qui vous entourent.

« Avec mon expérience déjà longue de la vie, quand je vois un homme qui, ayant commencé avec rien ou presque rien, est arrivé à l'aisance, à la richesse, je me dis qu'à côté de lui il doit y avoir une bonne femme, qui est l'ordre, l'économie, la prévoyance, la vigilance de la maison. Il y a mieux encore que l'œil du maître, c'est l'œil de la ménagère. L'homme, s'il est intelligent et laborieux, peut gagner de l'argent, mais c'est la femme qui l'épargne ; et notre loi, qui veut qu'en fin de compte le tout se partage par moitié, est une loi juste.

« Dans le choix d'une compagne vous vous êtes, comme toujours, laissé guider par votre cœur et il a été bon guide. Cette compagne n'a pas été seulement le charme de votre foyer, elle en a été le bon génie ; vous n'avez pas eu de plus sage conseiller ; bien des fois les avis de sa prudence ont contenu les hardiesses de votre esprit fougueux. Elle a droit à sa part dans ce jour, car elle aussi a donné un fortifiant exemple, celui de toutes les vertus domestiques. Comme vous, elle inspire à vos ouvriers un sentiment où le respect s'unit à l'affection ; ils savent la bonté de son cœur. Quand l'un d'eux est blessé, n'est-ce pas elle qui lui donne les premiers soins, qui le panse, qui le console, qui est pour lui, — je ne sais pas de plus beau titre, — une véritable sœur de charité?

« Toulet, je vous ai vu naître. Votre père, le charpentier, était le voisin de mon grand-père, le marchand de bois. Vous veniez souvent dans notre maison. Plus âgé d'une dizaine d'années, je vous faisais l'héritier de mes jouets délaissés. Vous avez reçu comme moi les fortes leçons de ma grand'mère, et comme moi aussi, quelquefois ses corrections. Votre tante, avec ses 83 ans, est là qui s'en souvient J'ai vu l'enfant espiègle devenir un grand garçon plein de feu, un ouvrier adroit, un artisan habile, un entrepreneur, un constructeur, un mécanicien, un ingénieur, un grand industriel. Au prix de quels efforts, à travers quelles difficultés, malgré quels obstacles ! je le sais, car l'ami de votre enfance a été plus d'une fois votre conseiller ; il a été le confident de vos peines, de vos espérances, de vos soucis, de vos déceptions, de vos chagrins, de vos succès.

« Je vous ai vu au moment de la guerre, à cette époque de cruel souvenir. Ce que vous avez été alors, ce que vous avez deployé d'énergie, ce que vous avez montré de dévouement à la sainte cause de la patrie, il suffit pour l'attester de la présence ici de M. le capitaine Warin. C'est au milieu des épreuves et des aventures de votre existence à travers les événements de la lutte nationale que vous vous êtes lié d'amitié avec cet officier d'ordonnance dévoué du général Faidherbe. Je ne puis prononcer le nom du général Faidherbe sans l'émotion d'une pieuse reconnaissance : il a fait briller un rayon de gloire sur les sombres jours de nos défaites ! Toulet, nous avons ensemble ressenti ces grandes douleurs, nous avons confondu nos larmes désolées, nos sanglots de rage ; ensemble nous avons conspiré pour la Patrie malheureuse. Vous avez bien souffert pour elle ! Quand j'ai lu votre nomination dans le *Journal Officiel* du 30 décembre, je me suis dit qu'à un jour près c'était le 12e anniversaire de cette nuit du 31 décembre, la dernière de l'année fatale, où vous êtes venu à Amiens chercher un refuge sous mon toit. Vous y avez trouvé votre femme, venue aussi à ce triste rendez-vous. Elle aussi avait dû fuir, franchissant les jardins, escaladant les haies, pour échapper à la fureur des Allemands qui, ne pouvant lui arracher le secret de votre retraite, menaçaient de livrer aux flammes ces ateliers, fruit de tant de labeurs. Cruels moments ! Souvenirs toujours vivants, parce que la plaie est toujours saignante. J'étais près de vous dans ces heures affligées, j'y suis encore au jour glorieux de la récompense. J'ai accompagné votre existence tout entière de mon regard fidèle ; mieux qu'un autre j'en puis porter témoignage.

« Mon ami, je vous remercie de m'avoir choisi pour parrain. C'est pour moi une grande joie de vous dire :

« Au nom du Président de la République, en vertu des pouvoirs qui me sont conférés, je vous fais chevalier de la Légion d'honneur.

« Embrassez-moi. »

Est-il besoin d'ajouter que ce discours, qui est un véritable modèle du genre, a été fréquemment interrompu par les applaudissements? Nous entendons derrière nous parler à ce propos de « sermon laïque ». Le mot est joli, mais il donne encore une idée insuffisante de l'effet produit par cette admirable leçon de morale et de haute philosophie sociale, encadrée dans des développements biographiques ingénieusement choisis et à laquelle une éloquence toujours vibrante mais toujours contenue, servie par l'art oratoire le plus savant et du goût le plus délicat, prêtait son prestigieux concours. Ce ne sont pas seulement les bravos qui sont partis d'eux-mêmes pendant ce discours ; il a aussi arraché plus d'une larme, même parmi ces braves *noirs* qui sont plus habitués à faire couler le fer et le cuivre.

M. Charles Darcourt, entrepreneur, délégué par les patrons et les ouvriers d'Albert pour offrir à M. Toulet une croix en diamant, a ensuite pris la parole en ces termes :

DISCOURS DE M. DARCOURT.

Monsieur Toulet,

« Le gouvernement de la République vient de vous conférer une de ces distinctions qu'il réserve aux citoyens dont s'honore la France. — L'opinion publique vous désignait depuis longtemps à son choix, et c'est avec la plus vive et la plus légitime satisfaction qu'a été accueilli le décret qui vous fait chevalier de la Légion d'honneur.

« Conformément aux règles de l'institution qui veulent que le nouveau chevalier soit armé par un légionnaire, vous avez choisi pour parrain, guidé par votre cœur et votre reconnaissance, un homme, un enfant d'Albert, comme vous, qui vous a vu naître et grandir, qui a toujours suivi d'un regard bienveillant le cours de votre carrière, vos travaux, vos luttes et vos succès, et qui n'a jamais cessé de partager vos peines aux heures d'épreuves, et vos joies quand votre infatigable énergie triomphait des obstacles.

« Mieux que personne, M. Daussy était digne d'attacher sur votre poitrine l'emblème du mérite et de l'honneur.

« Moi aussi, M. Toulet, je suis votre aîné, j'ai été le témoin de vos travaux ; je vous ai vu, de simple ouvrier devenir, au prix d'un labeur sans trêve, un des plus grands industriels du Nord de la France, et j'ai assisté à l'éclosion de vos succès.

« Voilà pourquoi les ouvriers d'Albert, mécaniciens et autres, les chefs d'ateliers, les industriels et les négociants, tous les travailleurs enfin, m'ont choisi pour être auprès de vous l'interprète de leur satisfaction et vous offrir un témoignage de leur vive sympathie.

« Et si je viens vous parler au nom de tous, ce n'est pas une banale formule que j'emploie ; j'en atteste les seize cents adhésions signées qui (vous pouvez vous en convaincre) m'autorisent aujourd'hui à m'exprimer comme je le fais ; car elles sont la plus éloquente approbation de ces travailleurs qui tous vous connaissent et vous apprécient.

« C'est qu'en vous décorant, Monsieur Toulet, le gouvernement de la République donne à notre laborieuse cité tout entière une illustration nouvelle. Il semble que sur nous-mêmes se reflètent quelques-uns des rayons dont s'illumine votre âge mûr. Car si vous avez grandi par le travail, l'énergie et la persévérance, Albert a grandi avec vous, et (une voix autorisée le disait tout à l'heure) votre exemple n'a pas été étranger à l'épanouissement des forces vitales de cette ville et à son entraînement dans la voie du progrès.

« D'ailleurs, ce n'est pas seulement au travailleur honoré d'une des plus hautes distinctions nationales que nous venons adresser nos félicitations ; nous faisons plus : nous apportons ici l'hommage d'une vive reconnaissance à l'homme dévoué dont aucun de nous n'a jamais sollicité en vain ni les conseils ni l'appui.

« Ah ! c'est que chez vous, Monsieur Toulet, le cœur fut toujours à la hauteur de l'intelligence

« Sans parler des jours sombres où le chef d'atelier mettait au service de son pays son matériel, ses hommes et sa personne, je rappellerai le cri qni vous a échappé tout d'abord quand vous avez appris votre promotion dans la Légion d'honneur.

« Certes, avez-vous dit, je suis heureux et
« fier de cette distinction, mais j'ai un regret,
« c'est de ne pas voir briller depuis long-
« temps la croix sur la poitrine de mon maître
« Sagebien, car celui-là est un des ingénieurs

« et des inventeurs les plus méritants de notre « pays. »

« Cette satisfaction ne vous sera point ravie, nous osons avec vous en concevoir l'espérance.

« En attendant, si vos vœux sont pour lui dans l'avenir, laissez-nous aujourd'hui donner un libre essor au besoin que nous éprouvons de vous féliciter, et acceptez cette croix que je vous remets au nom de seize cents de vos concitoyens; elle n'ajoute rien à votre mérite, mais ils sont heureux de l'offrir comme un témoignage de leur reconnaissance et de leur sympathie à celui qui a bien mérité de nous tous, de sa ville natale et de la France. »

Ce discours n'a pas obtenu moins de succès que l'apparition du tableau auquel il fait allusion. Ce tableau, œuvre de calligraphie remarquable due à la main d'un ouvrier chaudronnier, a été présenté par un confrère de M. Toulet, M. Louis Cuvillier. La souscription ouverte entre tous les habitants d'Albert, à l'effet d'offrir une croix en brillants au nouveau légionnaire, était fixée à 1 franc au maximum et 25 centimes au minimum. Notons en passant qu'elle a réuni beaucoup plus de souscripteurs que la ville d'Albert ne compte d'électeurs.

Après M. Darcourt, M. Charles Labbé, vice-président de la Chambre de Commerce d'Amiens, a prononcé la cordiale allocution qui suit :

DISCOURS DE M. CHARLES LABBÉ,

Vice-Président de la Chambre de Commerce d'Amiens.

Mesdames, Messieurs,

« Je regrette vivement que le Président de la Chambre de Commerce d'Amiens ait été empêché d'assister à cette belle fête du travail.

« Avec sa verve et son éloquence habituelles, il eût énuméré, beaucoup mieux que je ne saurais le faire, les nombreux titres de M. Toulet à la distinction dont il vient d'être honoré. M. Vulfran Mollet eût particulièrement parlé du rôle de notre collègue dans le sein de la Chambre de Commerce, de l'influence que lui avaient promptement acquise son expérience et ses connaissances spéciales; il eût dit enfin que M. Toulet, arrivé parmi nous presque inconnu de sa personne, malgré sa grande notoriété industrielle, était devenu en peu de temps l'ami de ses collègues qui tous lui portent la plus sincère affection. Ces sentiments, Messieurs, j'ai pu les constater il y a quelques jours. J'avais l'honneur de présider la dernière séance de la Chambre de Commerce. Après avoir rappelé que M. Toulet venait d'être nommé chevalier de la Légion d'honneur, et fait ressortir combien cette nomination était justifiée, je proposais à la Chambre de voter des félicitations à notre collègue.

« Cette proposition reçut l'adhésion la plus chaleureuse et la Chambre adopta à l'unanimité la délibération dont je vais vous donner lecture :

« M. le Président rappelle que, depuis la der-

« nière séance, l'un des membres de la Chambre, « M. Toulet, a été nommé chevalier de la Légion « d'honneur.

« Cette nomination, dit M. le Président, devait « recevoir et a reçu, en effet, du monde com- « mercial et industriel l'accueil le plus sympa- « thique. Il est inutile de faire ressortir, devant « les membres de la Chambre, les titres de « M. Toulet à cette distinction. Tous ses « collègues ont pu apprécier son sens droit, « l'étendue de ses connaissances spéciales, son « dévouement aux intérêts qu'il a mission de « défendre ; aucun n'ignore les services qu'il a « rendus à son pays, et notamment à la ville « d'Albert, siège de ses établissements.

« M. le Président croit être l'interprète de la « Chambre en lui proposant de voter des félici- « tations à M. Toulet.

« Plusieurs membres prennent la parole pour « approuver cette proposition, et font remarquer « que l'honneur reçu par M. Toulet rejaillit sur « la Chambre dont il fait partie.

« La Chambre, après en avoir délibéré, vote à « l'unanimité des félicitations à M. Toulet avec « inscription au procès-verbal, et décide que « copie de la présente délibération lui sera remise « par les soins de son président. »

« Je suis heureux, mon cher Collègue, de remplir la mission qui m'a été confiée. J'estime que cette délibération devra être annexée à votre brevet, et qu'elle sera dans l'avenir, pour vos descendants, le meilleur témoignage que le gouvernement de la République, en vous nommant chevalier de la Légion d'honneur, a fait acte de sagesse et de justice. »

Ces paroles ont été chaleureusement applaudies. Alors M. Toulet, vivement ému comme l'on pense, a répondu ainsi à tous ces témoignages justifiés d'estime et de sympathie :

RÉPONSE DE M. TOULET.

MESSIEURS ET CHERS AMIS,

« Pardonnez à mon émotion, je suis confus d'être l'objet d'une telle démonstration de sympathie et je ne vous cache pas l'embarras que j'éprouve pour y répondre comme je le voudrais.

« Je remercie M. le préfet d'avoir bien voulu accepter la présidence de cette touchante cérémonie. Les sympathiques paroles qu'il vient de m'adresser, contribueront puissamment àresserrer et à fortifier l'union qui règne parmi nous.

« Je remercie mon ami M. Magniez, sénateur, qui, de concert avec MM. les Députés de notre département, m'a proposé à M. le Ministre pour l'insigne distinction dont M. le Président de la République a bien voulu m'honorer.

« Autant qu'à eux je dois une profonde reconnaissance à mon cher et dévoué parrain, M. Daussy, qui n'a cessé depuis mon enfance de m'inspirer de ses sages conseils, et dont le concours m'a été si précieux. Tous ici savent ce que je lui dois.

« Mes chers Collègues de la Chambre de Commerce d'Amiens me donnent, par leur présence, un témoignage d'estime que je n'oublierai pas.

« Mes Collègues d'Albert, par leur démonstration spontanée du 31 décembre, qu'ils renouvellent dans la solennité d'aujourd'hui, ont profondément touché mon cœur et resserré les liens qui nous unissent.

« Merci à eux, merci aux ouvriers d'Albert, ainsi qu'à toutes les personnes qui se sont jointes à eux dans une manifestation dont je suis fier ; leurs noms seront conservés par moi, et après moi par ma famille, comme le souvenir le plus précieux de sympathie qui pouvait m'être donné.

« Cette journée, du 21 janvier 1883, comptera pour moi et pour les miens, comme la plus belle journée de ma vie.

« Ce que j'ai été, je le serai toujours, dévoué à mon pays, à mes ouvriers, à ma ville natale.

« Merci encore une fois, merci à tous. »

Des applaudissements prolongés ont salué cette explosion de reconnaissance, puis la séance a été levée.

Pendant le dîner, qui a été des plus gais, la mnsique d'Albert a fait entendre plusieurs morceaux qui lui ont valu les félicitations de M. le Préfet et de beaucoup de convives.

Puis M. Morvillez a ouvert la série des toasts en félicitant M. Albert Toulet au nom des sapeurs-pompiers.

M. le Préfet de la Somme a porté la santé de Madame Toulet, en quelques paroles aussi bien tournées que trouvées.

M. Magniez, sénateur, a répondu par un toast aimable à M. Léon Cohn.

Voici le toast de M. Charles Labbé à M. Daussy :

TOAST DE M. CHARLES LABBÉ.

MESDAMES, MESSIEURS,

« Je vous propose un toast, qui, j'en suis certain, ira droit au cœur de notre cher amphitryon.

« Une voix éloquente vous disait, il y a quelques instants, que dans la vie de tout grand industriel arrivent des heures de doute et de découragement, où les caractères les mieux trempés faiblissent devant la gravité de résolutions qui peuvent entraîner la ruine de la famille, et parfois même mettre en péril l'honneur du nom. Heureux celui qui, dans ces crises douloureuses, trouve auprès de lui un ami au cœur vaillant, au jugement sûr, qui le conseille et raffermit son courage.

« M. Toulet a eu le bonheur de posséder cet ami. Comme moi vous le connaissez, Messieurs, quand je dis comme moi, j'exagère sans doute, car il n'est peut-être aucun d'entre vous qui ait pu être son camarade pendant plus d'un demi-siècle.

« Comme moi du moins, vous savez que dans notre bonne ville d'Amiens, dans toute notre province, il n'est pas de nom plus aimé, plus admiré, plus honoré, parce qu'il n'y a pas de vie plus pure, de caractère plus élevé, de cœur plus chaleureux. Aussi j'espère, Mesdames et Messieurs, que vous ferez un accueil favorable au toast que je porte à mon vieux camarade, HENRI DAUSSY. »

M. Duplan, adjoint au maire d'Albert, a porté le toast suivant :

TOAST DE M. DUPLAN, ADJOINT.

« Je porte un toast au nouveau-né de l'ordre national, au conseiller municipal, au capitaine des sapeurs-pompiers. Je lui adresse, au nom de la ville d'Albert, mes sincères félicitations pour la haute distinction dont M. le Président de la République a bien voulu l'honorer. — C'est la juste récompense d'un travail opiniâtre, d'un dévouement sans bornes à la chose publique. Une voix plus autorisée que la mienne vous redira sans doute, Monsieur le Chevalier, tout le bien que vous avez fait en développant l'industrie de notre cité. La ville d'Albert vous doit beaucoup et par mon organe, elle vous exprime toute sa gratitude.

« L'éclat de cette fête est rehaussé par la présence de Magistrats les plus élevés de l'ordre politique, administratif et judiciaire. Qu'il me soit permis de présenter à Monsieur le Préfet, les souhaits de bienvenue que lui adresse la population tout entière. Nous connaissons déjà les belles qualités qui le distinguent et qui ont attiré sur lui l'attention du gouvernement pour administrer ce beau pays de la Somme. Albert, Monsieur le Préfet, est une ville qui se transforme. Ainsi que vous avez pu vous en convaincre, tout lui manque, tout est à créer. Ses ressources sont bien modestes et cependant elle n'hésite pas à entrer dans la voie des améliorations, comptant sur votre bienveillant appui.

« La ville d'Albert, Monsieur le Préfet, par les sacrifices qu'elle s'est imposés depuis longtemps pour l'instruction de ses enfants, par son attachement au principe républicain, est digne des faveurs qu'elle peut solliciter. »

Au nom de tous les constructeurs d'Albert, M. Goizet a porté le toast suivant :

TOAST DE M. GOIZET.

« Monsieur Toulet,

« Je ne saurais comment vous exprimer la joie que j'ai ressentie lorsque j'ai appris votre nomination au grade de chevalier de la Légion d'honneur.

« Avec tous mes chers Concitoyens ici présents, nous nous faisons une gloire de voir briller sur votre poitrine le signe d'honneur si bien mérité.

« Vous avez toujours aimé le travail et protégé l'industrie.

« Votre exemple a servi.

« Votre exemple, dirai-je, a fait prospérer la plus grande partie de nos chefs mécaniciens de notre ville d'Albert, qui ont presque tous passé dans vos ateliers.

« Nous voulons vous imiter et nous réussirons, car nos établissements s'agrandissent de jour en jour; la métallurgie à Albert prend de l'extension.

« Nous marcherons toujours dans la bonne voie que vous nous tracez, d'après votre devise, qui est : Progrès, travail.

« Je porte la santé à M. Toulet, à sa dame, à son honorable famille, à M. le Préfet, à M. Daussy, et à vous tous, chers amis. »

Au nom des industriels de la région du Nord, M. Famechon a remercié M. Toulet des services qu'il a rendus à l'industrie en prononçant le toast suivant :

TOAST DE M. FAMECHON.

« Messieurs,

« Il peut paraître bien téméraire et il est en effet assez difficile d'ajouter aux justes éloges, aux félicitations toutes cordiales qui viennent d'être adressées à M. Toulet.

« Permettez-moi cependant de payer ici le tribut de reconnaissance que l'industrie des départements qui confinent à la Somme, doit aux aptitudes, à la haute intelligence, au mérite enfin du nouveau Chevalier de la Légion d'honneur du grand Constructeur-mécanicien d'Albert.

« Messieurs, au nom de l'industrie des départements limitrophes de la Somme, au nom de tous ceux de mes confrères qui ont bénéficié de ses talents et de son zèle, je bois à la santé de M. Toulet. »

Voici le toast de M. Bastien, contremaître chez M. Toulet :

TOAST DE M. BASTIEN,

Contremaître.

Monsieur Toulet,

« Permettez-moi de vous adresser quelques paroles aux noms des ouvriers fondeurs.

« Les ouvriers sont heureux et fiers de vous voir porter cette belle décoration de la Légion d'honneur, car elle est le couronnement d'une longue existence de peine et de travail; elle est la plus juste récompense que vous ayez méritée pour tous les bons services que vous avez rendus, tant au pays qu'à l'industrie, tant à la société qu'à la classe ouvrière de la ville d'Albert. »

Voici le toast de M. l'abbé Godin, curé-doyen d'Albert :

TOAST DE M. L'ABBÉ GODIN,

Curé-Doyen.

« J'ai déjà parlé beaucoup en ma vie. C'est la première fois que je prends la parole pour porter un toast... Heureusement que nous sommes à l'atelier, il y a place ici même pour un apprenti.

« Dans cette brillante réunion où je retrouve à côté de hautes bienveillances, qui m'honorent, de vieilles amitiés et de nouvelles sympathies qui me soutiennent, je suis heureux de saluer la croix d'honneur. Elle est toujours bien portée sur la poitrine d'un homme de cœur.

« Je ne suis ici que d'hier et cependant que de fois déjà, mon cher Chevalier, j'ai entendu bénir votre nom ! De la veuve et de l'orphelin dont vous êtes la providence et des vétérans du travail comme du jeune apprenti de nos patronages, j'ai appris qu'être ouvrier chez vous, c'est être de votre famille.

« Je bois à la perpétuité de ces saines traditions, et ouvrier moi-même dans cet immense atelier d'Albert, je m'associe de grand cœur aux félicitations aussi unanimes que chaleureuses qui vous sont venues du monde du travail.

« Nos devanciers vous ont vu à la peine, nous sommes fiers de vous voir à l'honneur.

« Permettez que je dise un secret. — Ce magnifique établissement nous montre ce que peut avec le secours de Dieu, un homme de volonté et de cœur. J'ai grand besoin, vous le savez, de cette fortifiante révélation, et j'ose compter d'ailleurs sur votre puissant concours pour élever au Grand Maître des patrons et au Bienfaiteur des ouvriers, l'hommage lapidaire du travail et de la prospérité d'Albert. Un peuple qui sait remercier, est un peuple qui mérite d'être béni.

« Je remercie les influences intelligentes (et elles sont nombreuses ici), qui ont si bien inspiré le Pouvoir....

« Mais, Messieurs, mon remerciement n'est peut-être pas tout à fait désintéressé et tout le monde ici me permettra, j'en suis sûr, en saluant

Monsieur Toulet, chevalier de la Légion d'honneur, de porter un toast.

« A la prospérité de nos ateliers et à l'espérance de notre future église. »

En quelques couplets spirituels, et dits d'une voix agréable, M. Dufourny, d'Abbeville, a porté la santé du nouveau chevalier de la Légion d'honneur; et enfin M. Devillers, contremaître chez M. Toulet, a clos la série des santés par le toast constitutionnel :

La santé du Président de la République.

A sept heures, les convives se séparaient à regret, emportant le meilleur souvenir d'une journée qui est profondément instructive pour tout le monde et qui a réuni glorieusement, une fois de plus, les noms de Toulet et d'Albert.

LISTE

DES PERSONNES PRÉSENTES AU BANQUET

Du 21 Janvier 1883.

1° LA FAMILLE.

M. A. TOULET aîné, Ingénieur-Mécanicien à Albert.
Mme A. TOULET aîné à Albert.
M. ALBERT TOULET fils à Albert.
Mme ALBERT TOULET fils à Albert.
M. ALFRED TOULET fils à Albert.
M. ALFRED TOULET, Député à Albert.
Mme ALFRED TOULET, à Albert.
M. ALCIDE TOULET, Ingénieur à Saint-Quentin.
Mme ALCIDE TOULET à Saint-Quentin.
M. LEROY-TOULET, Tanneur à Albert.
Mme LEROY-TOULET, à Albert.
M. HOURIEZ-TOULET, Cultivateur à Albert.
Mme HOURIEZ-TOULET à Albert.
MM. JULES TOULET, Constructeur à Reims.
ARTHUR TOULET, Constructeur à Reims.
Mme STANISLAS TOULET (Veuve), Rentière à Albert.
M. JEAN-BAPTISTE BEAUVAL, Cultivateur à Albert.
Mme JEAN-BAPTISTE BEAUVAL, à Albert.

M. SOUFFLET-TOULET, Rentier à Albert.
Mme SOUFFLET-TOULET, à Albert.
M. LEGOUX, Docteur à Albert.
Mme LEGOUX, à Albert.
Mlle JEANNE LEGOUX, à Albert.

2° LES INVITÉS.

MM. MAGNIEZ, Sénateur.
LE PRÉFET DE LA SOMME.
LAURENT, Secrétaire Général.
LE SOUS-PRÉFET de Péronne.
FOURNIER, Conseiller général de la Somme, Conseiller à la Cour.
CHARLES LABBÉ, Vice-Président de la Chambre de Commerce.
PONCHE, Membre de la Chambre de Commerce.
DEWAILLY, Membre de la Chambre de Commerce.
GALLET, Membre de la Chambre de Commerce.

Ville d'Amiens.

MM. BARBIER-DELAFOSSE, Quincaillier.
CHARLES CORDIER, Rentier.
Mme CHARLES CORDIER.
MM. DAPERON fils, Fondeur.
DEWAILLY fils, Filateur.

MM. GONTIER, Rentier, Officier de Gendarmerie en retraite.

GODIN, Pharmacien.

Mme GODIN.

MM. LECULL, Fondeur.

de LIGNEROLLES, Directeur du *Journal d'Amiens.*

MORVILLEZ-LÉCHOPIER, Fondeur.

Oscar MORVILLEZ, Fondeur.

SALLE, Architecte.

SAVREUX, Garde-Mines.

Autres Villes de la Région.

MM. Louis DENIS, Directeur de la *Gazette de Péronne.*

Le Capitaine de Gendarmerie de Péronne.

Henri PLÉ, Fabricant d'huiles à Arras.

Francis BRIEZ, Fabricant d'huiles à Arras.

DUFOURNY-SANGNIER, Fabricant d'huiles à Abbeville.

Mme DUFOURNY-SANGNIER, à Abbeville.

MM. VARGNY, Fondeur à Lille.

FAMCHON, Fabricant de ciments à Boulogne-s-mer.

WARIN, Officier d'ordonnance du Général Faidherbe, au Palais de la Légion d'honneur, à Paris.

DUMARESCQ, Peintre à Paris.

TONNEL aîné, Négociant à Marcelcave.

Mme TONNEL aîné, à Marcelcave.

MM. Alphonse TONNEL, Négociant à Marcelcave.
FOURNIER-TONNEL, Négociant à Marcelcave.
PEERT, Propriétaire à Cappy.
NAY, Négociant, Juge au Tribunal de Commerce de Paris.
FRANÇOIS, Conseiller d'arrondissement, à Bray.

Ville d'Albert.

MM. DROUART, Président des fonderies de Sainte-Agnès.
J.-B. DELACOURT, Charron.
DARCOURT, Entrepreneur.
Gustave ARRACHART, Brasseur.
BOULENGER, Receveur municipal.
DAUSSY, Président de la Cour d'Appel d'Amiens.
Mmes DAUSSY, Propriétaire.
LEBRUN-DAUSSY (Veuve), Propriétaire.
MM. PARIS, Chef des Travaux et Surveillance du chemin de fer du Nord.
PETIT, Chef de gare.
PEUVION-DÉMARQUET, Négociant en nouveautés.
SOUFFLET-CHRÉTIEN, Négociant en vins.
HOURIEZ-QUÉQUET, Propriétaire.
Mme HOURIEZ-QUÉQUET.
M. QUÉQUET, Capitaine en retraite.
Mme LEROY (Veuve), Tanneur.
M. HÉNIQUE, Notaire.

MM. POTEZ-VIALARD, Farinier.
COMTE, Filateur.
DUPLAN, adjoint au Maire.
L'Abbé GODIN, Curé-Doyen.
Mlle DROUET, ancienne Maîtresse de pension.
M. VASSELIN, Quincaillier.
Théodore LEMAIRE, Cultivateur.

Constructeurs d'Albert.

MM. ARTHUIS, Directeur des fonderies de Sainte-Agnès.
ARRACHART-ANCELIN, Ferblantier.
THUILLIER-CLÉMENT, Constructeur.
Louis CUVILLIER, Constructeur.
GOIZET, Chaudronnier.
LEBRUN, Constructeur.
LINÉ, Constructeur.
LOMONT, Constructeur.
LUCAS, Constructeur.
MENEZ, Fondeur.
TRAILL, Constructeur.

Les Employés de la Maison.

MM. COLINOT, Ingénieur.
MERLÉ, Comptable.
VARET, Employé-Comptable.

MM. HUDICOURT, Employé-Comptable.
ROUSSEL, Employé-Comptable.
NOIRET, Employé-Comptable.
LÉTÉVÉ-SAGEBIEN, Chef Dessinateur à Albert
ANDRIEUX, Dessinateur à Albert.
GEORGES POULLAIN, Dessinateur à Albert.

Les Contremaîtres de la Maison.

MM. BASTIEN, Contremaître-Fondeur.
CHATELAIN, Contremaître-Modeleur.
DEVILLERS. Contremaître des forges et ajustages.
POULLAIN, Contremaître-Tourneur.
PÉRU, Contremaître-Chaudronnier.
ROUVILLAIN, Contremaître-Charpentier.

29.256. — Amiens, Imp. T. Jeunet, rue des Capucins, 45

www.ingramcontent.com/pod-product-compliance
Ingram Content Group UK Ltd.
Pitfield, Milton Keynes, MK11 3LW, UK
UKHW022126170726
13837UKWH00003B/1380

9 782329 236988